Copyright do texto © 2014, Heloisa Seixas e Julia Romeu
Copyright das ilustrações © 2014, Graça Lima

Copyright desta edição © 2020:
Jorge Zahar Editor Ltda.
rua Marquês de S. Vicente 99 – 1º | 22451-041 Rio de Janeiro, RJ
tel (21) 2529-4750 | fax (21) 2529-4787
editora@zahar.com.br | www.zahar.com.br

Todos os direitos reservados.
A reprodução não autorizada desta publicação, no todo
ou em parte, constitui violação de direitos autorais. (Lei 9.610/98)

Grafia atualizada respeitando o novo
Acordo Ortográfico da Língua Portuguesa

Projeto gráfico: Raquel Matsushita
Guardas: Sara Marinho | Projeto EBA-UFRJ
Diagramação: Cecilia Cangello | Entrelinha Design

CIP-Brasil. Catalogação na publicação
Sindicato Nacional dos Editores de Livros, RJ

	Seixas, Heloisa, 1952-
S464c	Carmen: a grande Pequena Notável/Heloisa Seixas, Julia Romeu, Graça Lima. – 1.ed. – Rio de Janeiro: Pequena Zahar, 2020.

il.

ISBN 978-85-66642-71-1

1. Miranda, Carmen, 1909-1955. 2. Cantoras – Brasil – Biografia.
I. Romeu, Julia. II. Lima, Graça. III. Título.

	CDD: 927.82421640981
20-62655	CDU: 929:78.071(81)

Vanessa Mafra Xavier Salgado – Bibliotecária – CRB-7/6644

Ela não era grande. Era até baixinha: tinha só 1,52 metro de altura. Mas foi a MAIOR. A maior mesmo. Tanto que ganhou o apelido de Pequena Notável. E notável é aquilo que se nota, que chama atenção, que é... GRANDE.
Talvez devêssemos dizer que ela era a Pequena Grande Notável. Ou a Grande Pequena Notável?

O nome dela era Carmen Miranda. E ela foi a brasileira mais famosa do mundo. Conquistou os quatro cantos do planeta cantando e dançando. Virou um dos maiores símbolos do nosso país. Até hoje, poucas pessoas são tão imitadas quanto ela. Olhe que essa história começou há mais de cem anos! Nessa época, o mundo ainda era em preto e branco...

Carmen era uma brasileira engraçada: nasceu em Portugal. Ninguém podia imaginar que um dia ela acabaria virando mais brasileira do que a jabuticaba e mais carioca do que a Praia de Copacabana. Mas e daí? Gato que nasce em forno não é biscoito...

Carmen veio para o Brasil ainda bebê, atravessando um oceano inteiro. Isso aconteceu em 1909. O avião já tinha sido inventado por Santos Dumont, mas as pessoas ainda viajavam de navio. Era o maior aperto e um tremendo sacolejo, principalmente quando o mar estava zangado. Todo mundo acabava ficando meio verde, com o estômago embrulhado.

Quando Carmen e sua família chegaram ao Brasil, tinha tanto português, mas tanto português aqui, que eles se sentiram em casa. Naquela época, a única cidade do mundo que tinha mais "alfacinhas" do que o Rio era Lisboa, a capital de Portugal. Alfacinha é como são chamados os lisboetas, porque na capital portuguesa sempre se plantou muita alface.

Assim que chegaram, os Mirandas se instalaram em um sobrado no Centro do Rio de Janeiro. E aí a família foi aumentando: no final, eram quatro meninas e dois meninos. O pai de Carmen, seu Pinto, era barbeiro, um rapa-queixos. Já a mãe, dona Maria, era lavadeira. Os dois tinham de trabalhar bastante para sustentar todos aqueles filhos. E não era fácil prestar atenção na meninada. Tanto que um dia Carmen se debruçou na janela do segundo andar para mostrar sua boneca para a vizinha e caiu lá de cima. Por sorte, caiu em cima de um rolo de fios telefônicos e escapou sem se machucar – mas deve ter tomado umas chineladas do pai, isso deve.

Carmen era sapeca e desbocada. Volta e meia, soltava um palavrão. Mas era sempre um palavrão engraçado, que escapulia da boca, fazendo todo mundo em volta morrer de rir. Menos seu Pinto. Ele brigava quando ouvia, mas Carmen sabia que o pai não podia falar nada: era com ele que ela aprendia todos os palavrões!

uando Carmen tinha seis anos, a família se mudou para a Lapa, que, nessa época, dava para o mar. Tinha até uma praia chamada Praia da Lapa, e foi lá que ela e seus irmãos aprenderam a nadar. Com os meninos da vizinhança Carmen jogava futebol e, com as meninas, fazia concurso de xixi à distância. A Lapa, naquele tempo, era um bairro com duas caras. Durante o dia, as ruas ficavam cheias de donas de casa saindo para as compras e de meninas a caminho do colégio de freiras. À noite, porém, o lugar virava um bairro boêmio, cheio de bares, restaurantes e cabarés. Tinha gente do mundo inteiro, feia e bonita, alta e baixa, pobre e rica. Foi morando nesse bairro que a pequena Carmen aprendeu como a vida pode ser colorida.

Desde pequena, Carmen gostava de cantar. Ela fazia parte dos corais da escola e chamava atenção por ser muito desinibida, gesticulando o tempo todo. Já mocinha, ao ajudar a mãe nos serviços domésticos, cantava sem parar. Nessa época, para aumentar a renda da família, dona Maria servia refeições em casa para o pessoal que trabalhava nas redondezas. Os fregueses adoravam ouvir Carmen cantar.

A menina também tinha muito jeito para costura. Ela mesma fazia as roupinhas de suas bonecas. Adolescente, via os modelos que gostava na revista, comprava as peças de tecido e fazia igualzinho.

Aos catorze anos, teve de sair da escola para ajudar nas despesas de casa. Arrumou seu primeiro emprego num ateliê de costura e, depois, numa fábrica de chapéus. Foi lá que ela juntou duas coisas que gostava de fazer: costurar e cantar.

Enquanto fazia os chapéus, soltava a voz, cantando marchinhas e sambas, divertindo as colegas. A supervisora da fábrica era uma senhora carrancuda chamada Madame Boss (que nome!), que, de vez em quando, dizia a Carmen que aquele não era lugar para cantoria. Mas, assim que ela virava as costas, as colegas pediam: "Canta mais! Canta mais!" E Carmen, toda feliz, ia colorindo a fábrica de chapéus com suas notas e flores. Tanto que até Madame Boss acabou gostando.

Um dia, um dos fregueses do almoço de dona Maria ouviu Carmen cantar. Ele organizava shows e achou que Carmen seria uma ótima atração. Por isso, decidiu levá-la para fazer um teste com um diretor musical que escolhia os artistas, o violonista Josué de Barros. Josué era uma pessoa bem peculiar, que já tinha procurado um tesouro no Centro da cidade, inventado um paraquedas em forma de guarda-chuva (que saiu voando sozinho no meio de uma ventania) e fingido que era faquir em Buenos Aires.

Assim que ouviu Carmen cantar, ele decidiu ensinar a ela todos os truques para vencer no meio artístico. Josué ajudou Carmen a cantar ainda melhor, apresentou-a a seus amigos e levou-a a programas de rádio. Logo ela chamou atenção por seu jeito novo de cantar, jovial e alegre, diferente do de todas as cantoras da época.

m dia, um compositor chamado Joubert de Carvalho entrou numa loja de discos e ouviu a voz de Carmen, o que lhe provocou uma sensação que nunca havia sentido antes: a de estar vendo a cantora na sua frente. Chamou o vendedor e perguntou de quem era aquele disco, dizendo: "Parece que ela está dentro da vitrola!"

Naquele exato instante apareceu uma mulher na porta da loja. Toda bem-vestida, elegantíssima. Quem era? Carmen Miranda. O vendedor apontou para Carmen e disse para Joubert: "Taí a nova cantora!"

Joubert disse a Carmen que queria compor uma música para ela e já saiu da loja com uma melodia e uma palavra na cabeça: "Taí".

"Taí" virou a primeira palavra de uma das marchinhas mais conhecidas do Carnaval. Você já ouviu?

Foi um estouro, fez o maior sucesso naquele Carnaval e em todos os que vieram a seguir. O nome e a voz de Carmen Miranda passaram a ser conhecidos no Brasil inteiro.

E não parou por aí. Era uma gravação atrás da outra: chovia música para Carmen gravar! A voz dela era ouvida o tempo todo, em toda parte. Em qualquer ponto do Brasil, era só ligar o rádio e lá estava ela...

Além do Carnaval, outra festa que Carmen animava era a de São João. Quando chegava junho e todo mundo começava a se vestir de caipira, com dente preto, chapéu de palha e pintinhas na bochecha, o que mais se ouvia eram as músicas gravadas por Carmen. Algumas ficaram tão famosas que até hoje são cantadas nas festas juninas.

ECarmen não era só a rainha do rádio. Era também uma das cantoras mais bem-pagas nos cassinos cariocas. Naquele tempo, o jogo de roleta era permitido no Brasil, e o Rio tinha vários cassinos. Um deles era o Cassino da Urca, cujo slogan era: "A, E, I, O, Urca!" Era um lugar espetacular, um luxo, e Carmen era o nome mais famoso nos shows.

No meio desse sucesso todo, aconteceu mais uma coisa que mudou a vida dela para sempre. Carmen conheceu um baiano chamado Dorival Caymmi.

Caymmi compôs um samba cheio de dengo, que Carmen cantava rebolando e revirando os olhinhos. O samba perguntava "O que é que a baiana tem?", e Carmen respondia descrevendo parte da fantasia das baianas que vendem acarajé e outras delícias encontradas em seus tabuleiros.

Para cantar essa música, Carmen fez uma fantasia de baiana especial. Nos pés, para ficar mais alta, ela usava o famoso sapato plataforma, sua marca registrada. Quando ela apareceu no palco do Cassino, a plateia quase explodiu de tanto bater palmas. Nascia ali a imagem de Carmen Miranda que ficaria para sempre na história.

O sucesso foi tão grande que acabou chegando aos Estados Unidos. Um empresário americano, dono de vários teatros em Nova York, ouviu falar que os shows de Carmen eram incríveis e, de passagem pelo Rio, decidiu vê-la no Cassino da Urca.

O empresário, que não falava nem "olá" em português, ainda assim ficou de boca aberta com a apresentação de Carmen: os gestos, o revirar dos olhos, o rebolado e aquela roupa extraordinária o deixaram com a certeza de que ela podia fazer sucesso na Broadway.

Broadway! Esse é o nome de uma das ruas mais célebres do mundo, onde ficam os maiores teatros de Nova York. Fazer sucesso lá é um sonho para qualquer artista brasileiro.

Carmen topou o desafio e fez as malas. Uma multidão foi se despedir dela no Cais do Porto e, ao embarcar no navio, a cantora disse para os fãs: "Meus queridos, tenham certeza de que eu não vou esquecer minha terra, nem me americanizar. Serei sempre a Carmen que adora o Rio. Lembrem-se sempre de mim!"

Muita gente trabalha a vida inteira para conquistar a Broadway. Sabe de quanto tempo Carmen precisou? Seis minutos!

Era a noite do primeiro show. No teatro escuro, ouviu-se primeiro um som de samba. As cortinas se abriram e apareceram os rapazes do Bando da Lua, que acompanhavam Carmen desde a época no Brasil. Quando ela surgiu, com sua fantasia de baiana e os olhos faiscantes como duas estrelas, ficou um silêncio na plateia. Aí, ela começou a cantar. Embora não entendessem nada da letra, os americanos ficaram fascinados por aqueles sons que Carmen fazia.

O nome dessa música era "Bambu-bambu". Depois dela, Carmen cantou "O que é que a baiana tem?" E depois, foi a vez de "Touradas em Madri". Por último, "South American Way", que, apesar do título em inglês, era quase toda cantada em português.

Os americanos não entendiam bulhufas. Não sabiam o que era mungunzá, nem muito menos berenguendém, o que aliás nem os brasileiros sabem direito... E eles adoraram assim mesmo!

o dia seguinte, os jornais americanos estavam cheios de elogios a Carmen.

Dali, Carmen foi cantar também em programas de rádio e em boates de Nova York e Chicago, gravou discos, deu centenas de entrevistas, virou capa de revistas, viu seus turbantes, balangandãs e sapatos serem adotados pela indústria da moda e vendidos nas lojas de Nova York e até se apresentou para o presidente americano na Casa Branca.

Finalmente, os produtores de Hollywood bateram na porta de seu camarim. Carmen foi, então, contratada e virou uma estrela de cinema.

Nos anos seguintes, Carmen fez catorze filmes e em pouco tempo já era a mulher mais bem-paga do *show business* internacional. Por todos os continentes, havia gente querendo cantar como ela, rebolar como ela e se vestir como ela. A fama de Carmen também cresceu e se espalhou, se espalhou, se espalhou – era a nossa portuguesinha carioca levando para os quatro cantos do planeta as cores do Brasil.

essa época, sabendo que ninguém ia mesmo entender o português, Carmen se especializou em cantar umas músicas engraçadas, com letras que mais pareciam um trava-línguas.

E foi assim que Carmen Miranda se transformou na brasileira mais famosa de todos os tempos.

Só que, às vezes, a fama também tem um preço. De tanto Carmen cantar, dançar, gravar, atuar e sacolejar, seu coração começou a perder o compasso. Foi batendo cada vez mais devagarinho... devagarinho... devagarinho... até que um dia...

O TICO-TICO TÁ,
TÁ OUTRA VEZ AQUI...
O TICO-TICO TÁ COMENDO MEU FUBÁ!
O TICO-TICO TEM, TEM QUE SE ALIMENTAR,
QUE VÁ COMER UMAS MINHOCAS NO POMAR...

O MEU GANZÁ FAZ CHICA CHICA BOOM CHIC
PRA EU CANTAR CHICA CHICA BOOM CHIC
UMA CANÇÃO O CHICA CHICA BOOM CHIC
MEU CORAÇÃO FAZ CHICA CHICA BOOM CHIC!

Um dia, ela foi participar de um programa de televisão e, quando estava dançando, sentiu que ia desmaiar. Chegou a fechar os olhos, mas respirou fundo, concentrou-se, apoiou-se no artista que dançava com ela e conseguiu terminar a apresentação sem que ninguém notasse nada – sempre sorrindo. Ela era assim: não deixava a peteca cair.

Naquela noite, Carmen foi para casa e deu uma festa para os amigos. Cantou, dançou, fez imitações e contou histórias. Deu um show completo por mais de uma hora. Estava que era uma alegria só. Os amigos se divertiram muito. A certa altura, Carmen anunciou que ia se deitar, mas fez questão de pedir que a festa continuasse. Subiu para o quarto e lá, enquanto se preparava para dormir, seu coração parou de bater.

No andar de baixo, a conversa e as brincadeiras continuaram. Ninguém ouviu nada. Carmen morreu sem estragar a festa.

Mais do que isso: a morte dela acabou numa festança. O enterro de Carmen Miranda percorreu as ruas do Rio, e uma multidão foi saudar sua passagem. Durante todo o percurso, as pessoas cantavam sambas e marchinhas em homenagem a ela. Dá até para imaginar Carmen, toda cheia de balangandãs, rebolando em cima de uma nuvem e, lá do alto, espiando a festa do povo. Tudo muito carioca, tudo muito brasileiro, com ritmo, colorido e animação. Do jeito que ela gostava.

No céu e na terra, era Carnaval.

ADEUS, ADEUS

MEU PANDEIRO DO SAMBA

TAMBORIM DE BAMBA

JÁ É DE MADRUGADA

VOU-ME EMBORA CHORANDO

COM MEU CORAÇÃO SORRINDO

E VOU DEIXAR TODO MUNDO

VALORIZANDO A BATUCADA

EXTRA! EXTRA! COMO SERIA O MUNDO SEM CARMEN MIRANDA

CINEMA SERIA MUITO MENOS COLORIDO

Carmen sempre teve um sonho. Não, não era ser cantora. Ela queria ser artista de cinema! E foi por isso que, quando tinha dezoito anos, inscreveu-se em um concurso lançado por um estúdio americano, a Fox, que buscava novos talentos. Concorreram moças do Brasil inteiro – mas Carmen foi eliminada logo na primeira fase! Só depois de fazer sucesso cantando ela pôde trabalhar no cinema. Os primeiros filmes sonoros brasileiros estavam sendo feitos e ela cantou em quatro: *Alô, alô, Brasil*, *Estudantes*, *Alô, alô, Carnaval* e *Banana da terra*. Isso ajudou a consolidar o cinema brasileiro. Mas foi só depois de ir para os Estados Unidos que Carmen

Miranda virou uma estrela das telonas. Seus filmes são vistos até hoje – e considerados clássicos.

> **Seus filmes são vistos até hoje – e considerados clássicos.**

Quando não passou naquele concurso, quem podia imaginar que alguns anos depois Carmen se tornaria uma das mulheres mais famosas do mundo? ∎

A GENTE CANTARIA DE OUTRO JEITO

Antes de Carmen, as cantoras brasileiras pareciam cantoras de ópera: usavam a voz de um jeito empolado, muito formal, soltando aquelas notas agudas que às vezes são capazes de quebrar um copo! Carmen mudou isso: ela chegou cantando da mesma maneira como se falava nas ruas, usando humor, gírias, brincadeiras. Cantava como se estivesse conversando com a gente, com o jeito malemolente que aprendeu com os malandros da Lapa. ∎

LADY GAGA NÃO USARIA PLATAFORMA

Como Carmen era baixinha, um dia pediu a seu sapateiro para juntar o salto de um sapato ortopédico, usado por quem tinha uma perna mais curta que a outra, com um tamanco português. O sapateiro achou uma maluquice, não queria fazer. E o sapato, quando pronto, parecia mais com um ferro de passar roupa! Com o tempo, porém, Carmen foi deixando sua invenção cada vez mais bonita. Hoje, todo mundo usa sapato plataforma. Para a época, os sapatos de Carmen eram tão revolucionários quanto hoje são os da Lady Gaga... ∎

> **O sapateiro achou uma maluquice, não queria fazer.**

O RÁDIO SERIA UMA CAIXA DE CHARUTO

Quando surgiu no Brasil, em 1923, o rádio era coisa de amadores, pessoas que se reuniam para receber as transmissões em aparelhos feitos com caixa de charutos, vara de bambu como antena e um fio ligado na torneira da pia. Até 1932, as emissoras de rádio não podiam vender anúncios e, por isso, não conseguiam se profissionalizar e estabelecer uma programação fixa. Quando isso mudou, as rádios começaram a disputar os artistas mais famosos e Carmen Miranda ganhou um programa semanal na Rádio Mayrink Veiga. Foi um sucesso! Aos poucos, surgiram outros programas e outras emissoras. Em 1934, já havia 65 estações no país. E o rádio se tornava, então, o meio de comunicação mais importante do Brasil. ∎

OS DISCOS ENCALHARIAM NA PRATELEIRA

Quando Carmen Miranda começou a cantar, pouca gente comprava discos no Brasil. Carmen mudou isso graças a seu sucesso espetacular. Carmen Miranda lançava, em média, um disco a cada dezoito dias – os discos da época tinham apenas duas músicas, uma de cada lado, mas mesmo assim foram quarenta músicas só no primeiro ano de carreira. Naquele tempo, os discos eram feitos de uma mistura de goma-laca, que é uma resina secretada por um inseto (que nojo!), e cera de carnaúba, que é colhida de um tipo de palmeira. Fora isso, eram muito parecidos com os vinis de hoje: pretos, com um buraco no meio. ∎

> **Foram quarenta músicas só no primeiro ano de carreira.**

Heloisa Seixas é escritora e gosta de muitas coisas: ler, escrever, brincar com seus gatos, ir à praia, frequentar rodas de samba e livrarias. Mas se há uma coisa que Heloisa adora é ouvir música. E entre suas cantoras prediletas está Carmen Miranda. Pois acontece que, em 2005, o marido de Heloisa, Ruy Castro, que também é escritor, fez um livro contando a vida de Carmen. Aí mesmo é que Heloisa não parou mais de ouvir os discos da Pequena Notável. E ouviu tanto, tanto, tanto, que acabou com vontade de escrever um pouquinho sobre ela também...

Julia Romeu sempre amou histórias e, ao conhecer a de Carmen Miranda, achou-a tão linda que resolveu ajudar a contá-la. Julia gosta de ver vídeos de Carmen na internet e ouvi-la cantar por streaming, pois sabe que a Pequena Notável, que é eterna, combina muito bem com tudo o que há de mais moderno. Em 2019, também em parceria com Heloisa Seixas, ela escreveu um musical infantil baseado neste livro.

Graça Lima é carioca, nascida na Zona Norte. Sua infância foi cheia de amigos e brincadeiras na rua, como a de Carmen, com a diferença de que a brincadeira predileta de Graça era desenhar embaixo dos móveis, para que sua mãe não descobrisse. Fez faculdade de Belas Artes (UFRJ), mestrado em Design (PUC-RJ) e doutorado em Artes Visuais (UFRJ). Desde a faculdade, já era fascinada por Carmen e pelos ilustradores de revistas dessa época, em quem buscou inspiração para esta obra. Já ilustrou mais de cem livros e recebeu prêmios como os da FNLIJ e quatro vezes o Prêmio Jabuti.

A marca FSC® é a garantia de que a madeira utilizada na fabricação do papel deste livro provém de florestas que foram gerenciadas de maneira ambientalmente correta, socialmente justa e economicamente viável, além de outras fontes de origem controlada.

Este livro foi composto em Bifur e Melior
e impresso em papel offset 150g/m² por
Geográfica Editora em março de 2020.